D1662106

Gute Geschichten bessern die Welt.

Max Gößmann

Grenzgänge.

1. Auflage 2022
© Max Gößmann

Herstellung, Gestaltung und Konzeption:
Verlag story.one publishing - www.story.one
Eine Marke der Storylution GmbH

Gesetzt aus Crimson Text und Lato.
© Fotos: Cover und Innenseiten: unsplash.com

Printed in the European Union.

ISBN: 978-3-7108-1546-1

Für meine Freundin, die mich stets ermutigte. Und für Julian, der mir Grund zum Hoffen gab.

INHALT

Dyeus Phter

Aus der Steppe bin Ich erwacht, dem Gedanken der Menschen entronnen, dort wo die Sonne im rostigen Gras zugrunde geht. Aus ihren flechtenden Händen erwuchs Ich, entsprang in den endlosen Horizont ihrer Landschaft, wo Himmel und Erde in ständiger Liebschaft sind. Ich gab ihnen Regen, befruchtete den sandigen Grund unter ihren nackten Füßen, gab ihnen Ordnung und lauschte ihrem Treiben. Bald schon blickten sie zu mir, richteten sich nach oben, hin zur Unendlichkeit des Himmels und der Steppe; nannten mich König, Vater; Gott.

Und der Sonnenuntergang wurde ihr Ziel.

Auf den Rücken ihrer Wägen ritt Ich mir selber entgegen, flog mit ihren Pfeilen und stach mit ihren Speeren. Kämpfte, mordete; siegte.

Schließlich war die Steppe hinter uns, und doch war die sterbende Sonne nicht gefangen. Also ritten sie weiter, und Ich traf tiefe Wälder, herrschte über gewaltige Gebirge und tosende See. Bald hieß ich Diwei, Dyaus, Jove, Jupiter,

Zeus; Allvater. Und wie die Namen auch, so gingen sie langsam auseinander, meine Menschen. Sie vergaßen die alte Sprache, und sie vergaßen die Steppe; das Flechten und Hirten, das einfache Leben und das Meer aus Gras.

Nur der unendliche Horizont, nur Ich blieb ihnen, trieb sie, und plagte zugleich. Sie errichteten mächtige Städte, spannten Legenden von mächtigen Helden und listigen Göttern, bekriegten und töteten sich. Die alte Heimat war weit, so wie ihre Verwandtschaft auch. Imperien wurden geboren, von großen Königen und größeren Kaisern, und zerfielen im gleichen Atemzug zu Staub.

Und stets war ich Vater, erster unter ihren Göttern, hoch im Himmel, loderndes Auge des Sonnenuntergangs.

Doch was bleibt mir heute? Ohne Gaben, Riten, Gebete? Sie haben sich anderen Dingen zugewandt, suchen ihr Heil in Maschine und Medizin; rennen, nie nach vorne, sondern stets von dem Ende, und der grausamen Unendlichkeit.

Und trotzdem leb' Ich; schwach und vergessen. Denn noch immer kann ich sie plagen, die

die so sicher schwören, allem Geistlichen entsagt zu haben. Wie früher schauen sie noch nach oben, meine Menschen. Streben, ringen, nach innen und nach außen; in den Horizont und darüber hinaus. Sie bauen Kathedralen, Hochhäuser, Raketen; höher, immer höher!, mich zu erreichen.

Ob es ihnen diesmal gelingen mag?

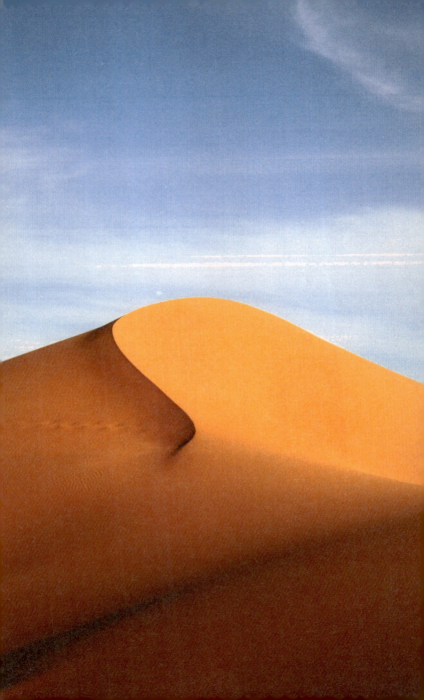

Reflexionen eines Ritters

Der Ritt war lang und schwer gewesen, und der Braune unter ihm trottete, langsam und müde. Seine geharnischte Hand griff nach unten, suchte zu danken; träge und steif. Der Braune blickte zurück. Treue, wissende Augen spendeten Trost, Stärke; ungeachtet der eigenen Schwäche. Die Hand wich wieder nach oben. Er fühlte sich alt ... so alt; älter noch, als er damals den Jungen zu sich genommen hatte, und sein zweites Leben gewann. Gebeugt, mit letzter Kraft saß er, hielt sich auf dem staubigen Sattel.

Und doch ritt er weiter. An den endlosen Dünen der kahlen Wüste entlang, so anders als die Heimat, so weit von wehendem Gras und kühlenden Wald. Er ritt, kaum schneller als ein Mann gehen konnte, tiefer und tiefer in das Meer aus gelbgrauem Sand, der roten Abendsonne entgegen. Trockener Schweiß lief an seiner Schläfe hinunter, dampfte auf dem Fell des Braunen. So lange schon, seit er das letzte Mal getrunken hatte, die Reste des alten Weins, gestockt in der Hitze des Lederschlauches.

Und doch ritt er weiter; weg von der Schlacht, dem Krachen aus Pferd und Metall, den Schreien, das Blut; weg von den Häschern, in ihren leichten Gewändern auf ihren frischen Pferden. Weg von dem eigenen Fall. Sein Blick wanderte nach vorne; dahin, wo die Abendsonne den Horizont zum Tanzen brachte. Er sah sein Weib, die Kinder; schwimmend in den Miragen aus Hitze und Luft. Sie blickten zu ihm, durch die Stille des Sandes, winkten ihn zu sich. Traurige, weise Augen lockten; dorthin, wo sie des Frühjahrs Seuche eines Morgens gebracht hatte, und sein erstes Leben mit ihnen.

Wie hatte er ihnen nur so lange entfliehen mögen?

Er folgte der alten Familie, folgte ihren Blicken: unstet, flackernd, wie der Spiegel eines der Ruhe beraubten Teiches. Da in dem einen Moment, fort - wie auf ewig- im Nächsten. Und so ritt er, vorwärts. Die Wunde in seiner Seite war lange schon taub geworden. Der Pfeil, der sie schlug - so knapp neben Harnisch und rostigem Hemde - gebrochen; kantiges, spitzes Holz zwischen den blauen Insignien. Zackige Splitter so bösartig nach außen, wie der Stahl nach innen bohrte.

War es im Höhepunkt des Getümmels geschehen? So nah neben Kaiser und König, als Teil der lebendigen Mauer gegen die schier unaufhaltsamen Horden an gekrümmten Schwertern und tosendem Lärm? Oder danach? Im Chaos des Rückzugs, als er seinen Herr fallen sah? Direkt neben dem Jungen, noch immer Knappe, und nun niemals ein Mann.

Es spielte keine Rolle. Nicht mehr; oh, endlich nicht mehr. Wieder blickte er in die Ferne, dort wo er sie zuletzt gesehen hatte, dort wo Hitze und Luft sich küssten. Endlich sah er sie, die Mutter und ihre drei Kinder, alt und jung zugleich. Sie lächelten, wissend, fast heiter. Neben ihnen trat ein Vierter, stolz im grünen Rock und poliertem Hemd, Brust so wunderbar frei von dem Speer, der ihn durchbohrte. Der Junge nickte, Wärme und Dank auf befriedenden Zügen.

Der Braune trottete nicht mehr.

Er fiel.

Über eine Villa am Land

Der erste Stein sank in das Fundament, am Ende einer langen Reise. Zu Pferd, zu Schiff, zuletzt zu Fuß war er auf seinem Weg gewesen. Er war geschlagen worden, geformt von geübten Händen der Zivilisation. Geraubt aus seinem natürlichen Umfeld, weg von den Brüdern im Fels.

Bald schon war er wieder Teil eines Größeren. Andere Steine, fein gearbeitet aus grauem Granit, setzten sich neben ihn, verbanden sich mit ihm durch flüssig-harten Mörtel. Aus den Steinen, aus dem Stein, wurde ein Haus, weit und lang, mit roten Ziegeln und weißer Knochenfarbe. Ein Garten wuchs um ihm herum, voll mit gedrungenen Zitronenbäumen, und Statuen aus brillant weißem Marmor, die rasch in bunten Farben bemalt wurden. Bald schon fühlte er leichte Kinderfüße auf sich, spürte das Leben um sich herum. Die Familie, und ihre fremden Diener.

Aus den Kindern wurden Erwachsene, aus den Erwachsenen Greise. Neue Kinder wurden geboren, und wurden selbst Eltern, nur um kurz darauf dem Kreislauf der Zeit zu folgen. Und stets wurden die Statuen bemalt, alte Farbe durch mühevolle Pinselstriche mit neuer ersetzt. Stets wurden Stufen vor der Villa vom fallenden Laub befreit, und er selbst in strahlendem Weiß gehalten.

Bis sie immer weniger wurden, die Kinder. Bis die Erwachsenen gingen, weg, so weit weg! Fort von ihm, und nur die Alten blieben. Bald schon waren die ehemaligen Diener Herrscher. Auch sie färbten die Statuen, suchten den Glanz der alten Formen mit ihren groben Pinseln zu folgen, kehrten die Stufen, und bemalten ihn, wenn auch eher braun, als weiß.

Bis auch sie, die Diener, vertrieben wurden, von ihren Vettern aus der See. Doch schneller noch gingen auch sie, die die Statuen nie bemalt hatten, und die Stufen nie gefegt. Nahmen viele seiner Brüder mit sich, zogen sie hinter ihren Ochsen und Pferden, ungeachtet der alten Formen, der Symmetrie aus Säulen und Stein.

Langsam vergingen diese Jahre, ohne Gelächter, ohne leichtsinnige Kinderschritte. Noch langsamer, kam die Erde, die ihn verschluckte, und die Säulen und Statuen mit ihm. Auch die

Farbe der Statuen verblasste im Strudel der Elemente, bis sie endlich ganz in Weiß verschwand. Doch endlich kamen wieder Leute zu dem Stein, zu den Statuen, die aus dem Boden ragten. Sie gruben ihn aus, diese Leute, doch nur bis zum Weiß. Und sie vergaßen die Farben, das Lachen, und die Kinder, die einmal waren, sahen nur Formen und Symbole im Stein, und stellten sie aus in ihren Gläsern und Kästen.

Schneller noch waren sie verschwunden, die Erhalter. Und die letzten Reste der Säulen und Statuen fielen, wurden Eins mit fallendem Regen und knochigem Gras.

Bis nur noch er da war, der Stein. Vor so langer Zeit seinen Brüdern entrissen. Allein auf dem Hügel, so schrecklich voller Kanten und Ecken, unsymmetrisch und stumpf. Nie wieder Kinderschritte, nie wieder Gelächter und Geschrei. Nicht einmal das kalte Nicken der Erhalter. Nur noch das Heulen des Windes, erbarmungslos, unaufhaltsam. So, so kalt.

Bis auch er zu Nichts zerfiel.

Hyperrealität

Es war einmal ein ganz normaler Mann. Dieser Mann nahm sein Auto zur Arbeit. Manchmal, wenn es warm genug war, fuhr er sogar Fahrrad. Er hatte keine Kinder - kaum noch jemand hatte welche, dort wo er herkam - und das störte ihn auch nicht. Überhaupt störte ihn kaum etwas, zumindest nichts, was all die anderen nicht auch störte. Zum Lachen hatte ihn noch niemand verordnet, und so lachte er auch nicht, verlernte es einfach irgendwann.

Eines Tages sah dieser Mann einen roten Streifen. Er war auf dem Weg zur Arbeit zum ersten Mal einen Umweg gefahren - natürlich wegen einer Baustelle - und dann war da plötzlich dieser Streifen. Er schien einfach in der Luft zu schweben, der Streifen, gewölbt wie einer der Töpfe für die Pflanzen aus pflegeleichtem Plastik, die sein Zweizimmerapartment zierten.

Langsam bewegte sich der Mann auf ihn zu. Er wusste auch nicht genau warum, sonst stand er allem Fremden immer erst mal argwöhnisch gegenüber. Doch der Streifen zog ihn zu sich, nahm ihn in seinem Bann. Bald schon war sein Auto hinter ihm, vergessen, und der Streifen wurde größer und größer, bis schnell sein gesamtes Blickfeld in Rot getränkt war. Vorsichtig streckte der Mann seine Hand aus. Noch vorsichtiger berührte er ihn. Der Streifen fühlte sich unendlich hart an, fast so wie ein Stein. Und doch beobachtete der Mann, wie seine Hand Wellen in ihm aufwarf, den Streifen nach vorne und hinten bewegte, bis die Hand schließlich einfach hindurch glitt. Und er gleich hinterher.

Schon fiel der Mann, der doch nur ganz normal sein wollte. Erst fiel er in das Rot, bis alles um ihn rot war, doch schnell fiel er weiter. Er sah seine Arbeit, dort weit in der Ferne. Er sah seinen Chef, sah seine Kollegen, wie sie schafften und nicht schafften, dort in dem Querschnitt des grauen Altbaus. Sah sie alle gleichzeitig; verzerrte, gesichtslose Masken im Spiegel seines Falls. Sie alle wirkten so klein, von hier.

Und dann fiel er weiter. Er sah seine Mutter, so einsam in dem Heim, in das er sie vor Jahren gepackt hatte. Sie lief auf und ab; sterile, weiße Klamotten in einem sterilen Raum. Er sah ihren Tod, ihr Begräbnis. Und dann sah er seinen eigenen, sah sie an seinem kahlen Grab stehen, weißes Tuch in den Händen. Er sah und sah, unendliche Bilder, Geheimnisse, Grauen, da in einem Moment, und so endlos weit in dem nächsten. Schneller, immer schneller schossen sie an ihm vorbei, vermischten sich zu immer fantastischeren Gebilden, wuchsen in vorbeizischende Schmiere endloser Sterne und Galaxien. Sein Fall war ewig, bis er - ganz plötzlich, und ohne anständige Warnung - zum Stehen kam.

Vorsichtig blickte der Mann um sich. Er war in einem Zimmer, doch schien es ein Zimmer für Riesen zu sein. Er blickte nach oben, hoch an dem orangenen Turm, der einem Blumentopf ach so ähnelte. Er sah seine Kollegen, die Freunde, die er nie hatte. Sie tanzten, dort in dem geschwungenen Rand.

Er blickte nach vorne. Der Mann sah den nächsten Streifen, schimmernd am Rande des Zimmers.

Und dann lachte er.

Flaggen über Arkdha, Teil I

1332 nach Wiederfindung; dritte Ära. Tagebuch des Flavius Constantius. Reiter seiner kaiserlichen Hoheit:

Es war schon über zwei Jahre her, seit wir zuletzt Fuß in Karkush gesetzt hatten, und die Stadt war fast nicht wiederzuerkennen. Von den ehemals so erhabenen Sandsteingebäuden des zweiten Zeitalters waren nur noch Ruinen geblieben: Einzelne Häuserfassaden, die sich trotzig gegen Schutt und Geröll stemmten, ungerade, fallend; doch noch nicht gebrochen.

Kurz bevor der Marschbefehl kam, war ich in des Kaisers 9te Kavallerie befördert worden, als Leutnant unter direktem Befehl von General Valerian, dem mein Vater seit vielen Jahren als Klient hörig war. Mit breiter Brust ritt ich auf die Stadt; am Kopf der endlosen Prozession von vierbeinigen Megalan-Echsen. Fast so überzeugt von mir, wie ich von unserem unweigerlichen Sieg war.

Wir sollten die ersten durch die Bresche in

der 20-Mann-hohen Mauer sein, die unsere Kameraden des Korpus Arcanii für uns geschlagen hatten. Die ersten Zeugen der wunderbaren Zerstörung unserer neuartigen Artilleriemaschine. „Des Kaisers Faust", so hieß sie in den offiziellen Verlautbarungen des Palastes. Als wir die Stadt am Horizont sahen, und die Rauchschwaden, die ihr vorausgingen, tauften wir sie „Damnarea" - Todbringer; und dankten den Göttern, nicht in ihrem Visier gelandet zu sein.

Und so drangen wir in die Stadt ein, Moral gedämpft von den dampfenden Leichen am Wegessrande, und der viel zu kurzen Rast. Mit Leichtigkeit kletterten die Megalans über die mannshohen Steinbrocken der einst so unbezwingbaren Mauer, bahnten uns den Weg über hellgelbes Geröll und Krater. Unsere Hände an den Speeren; bereit den Feind zu treffen- so wie in Harran einige Wochen zuvor - doch niemand stellte sich uns entgegen.

Karkush war still, stiller, als wir es in jeder anderen Stadt während des Feldzugs erlebt hatten. Noch heute spüre ich ihn auf mir, diesen Druck am Rande meines Denkens, die Ruhe, welche alle Bewegung in mir zu lähmen droht.

Tiefer und tiefer drangen wir in die Stadt vor, Augen immer auf der Suche nach dem fehlenden Feinde. Doch das Bild vor uns blieb unveränderlich: Zerstörung und Tot; leere Augen, die uns zu verfolgen schienen. Nur der Gestank, diese grausame Mischung aus beißendem Rauch und dem süßen Aroma brennender Haut, wurde immer stärker, je näher wir der Ruine des alten Palastes kamen.

Bald schon schwiegen wir alle. Erpicht, den Sitz der Königin zu erreichen, und so schnell wie möglich wieder in die Sicherheit unserer Zelte zurückzukehren.

Es war Marcus, mein alter Freund und Begleiter, lange schon als Regimentsmagier treu an meiner Seite, der die Ruhe als erstes Brach. Ich sah ihn neben mir zucken, Panik in weißen, aufgerissenen Augen schimmern. Seine Warnung hörte ich schon nicht mehr. Sie versank in dem Getöse aus geschleudertem Schutt und fliegenden Gliedmaßen, ging in der giftgrünen Explosion unter.

Ich selbst sah den Stein, der mir die Schwärze brachte, nie kommen.

Flaggen über Ardkha, Teil II

1332 nach Wiederfindung. Tagebuch des Flavius Constantius. Soldat:

Als ich erwachte, war es bereits dunkel geworden. Nur vereinzelte Feuer, ausgewaschene Flecken am Rande meiner getrübten Peripherie, spendeten Licht. Man hatte mich nach innen gebracht, verdeckt unter der halb eingestürzten Mauer eines ehemaligen Sandweberhauses. Gezogen, wenn man den Spuren zwischen Dreck und Geröll glauben konnte. Noch immer war ich benommen, und von meinen Kameraden, von Marcus, fehlte jede Spur.

Es war der Gestank, der mich wieder zurück nach Karkush geholt hatte, mich von den fiebrig verschwommenen Bildern aus Explosionen und Blut befreite. Die Nacht hätte Kälte bringen sollen. Klare und feuchte Wüstenluft. Doch war es fast noch stickiger als am Tage, und der Geruch nach Tod hing schwer in der Luft.

Auch diese verdammte Stille war geblieben, hing noch schwerer auf der Stadt als am Tage.

Sogar die Flamme, die so plötzlich vor meinem Gesicht flackerte, und die Frau, deren Hände sie wirkte, erschienen mir unscharf und gedämmt.

Und dennoch erkannte ich sie sofort, egal wie benommen ich noch war.

Sie sah jünger aus, als auf den Plakaten des imperialen Palastes, ihre Augen größer und ohne die verhärmte Strenge, welche uns während der Kampagne stets zu begleiten schien. Ein kurzes, krummes Schwert war an ihre Seite gebunden, und gestaffelte weite Kleider waren einem schlichten Hemd und einer leichten Hose gewichen. Bevor ich überhaupt denken konnte, schoss meine Hand zu meinem Schwert, dahin, wo es sonst immer ziehbereit an der linken Hüfte hing. Doch ich griff ins Leere.

Die Königin blickte nur zurück, Kopf zur Seite geneigt. Nicht verhärmt schien sie, nein, nur unendlich traurig. Plötzlich schimmerte mein Schwert in ihren Händen. Es musste fast doppelt so lang wie ihr eigenes gewesen sein, ungeschmückt und doch ungleich tödlicher.

Ich griff nach ihm, hektisch, verzweifelt, ignorierte den aufsteigenden Schwindel; und ihren Blick. Das Missionsziel stand vor mir, die Ursache für all das Schlachten und Töten der vergangenen zwei Jahre. Und für die Explosion meiner Männer. Ich riss ihr das Schwert aus den Händen, und holte für einen letzten Hieb aus, wie ich es schon so oft getan hatte.

Und doch, als das Schwert bereits über meiner Schulter war, Arme gespannt und bereit für den Stoß dort zwischen Hals und Schulter. Hörte ich plötzlich einen Schrei, schriller und durchdringender als jeder Megalanruf. Mein Blick schoss gen Osten, dort wo ich es gehört hatte, dieses Kreischen, das bis ins Mark zu dringen schien. Dort, wo die Schatten des Palastes noch immer über Karkush thronten.

Die Königin war bereits vor mir, würdigte dem gezückten Schwert, das doch ihr gerichtet war, keines Blickes. Flinke Schritte führten sie über Schutt und Geröll in das Straßennetz hinein.

Sie ging, und ich folgte. Mysteriösem Schrei und wabernden Nebel aus geisterhaften Grün entgegen.

Flaggen über Ardkha, Teil III

1332. Tagebuch des Flavius. Soldat:

Ich sah den Krater der Explosion, nur einige Häuserblöcke hinter dem provisorischen Lager, in das mich die Königin nur wenige Stunden zuvor gezogen hatte. Die Leichen meiner Kameraden waren über den Platz verteilt. Ich sah Attius, direkt neben dem kantigen Loch im Boden, dort in der Mitte des Platzes. Der Junge lag in einem Meer aus Blut unter den Fetzen seines purpurnen Mantels, den er in der Schlacht bei Ishi von einem Prinzen im Zweikampf gewonnen hatte. Unzählige verstümmelte Gestalten lagen neben ihm, und der Nebel um sie wurde Sekunde um Sekunde dichter.

Einzig Marcus schien unverletzt. Mein treuer Freund lag abwärts der anderen, am Rande des Platzes. Sein leicht angegrautes Haar, das er jeden Morgen mithilfe seiner Magie in Form brachte, hing makellos bis zu seiner Schulter hinunter. Ein kleines Lächeln war auf dem Munde, der sonst so voller Scherze war. Doch das Blut, das zwischen eingestürzter Hauswand und seinem

Kopf hervorquoll, erstickte jede Hoffnung. Er wolle sterben, bevor seine Haare ganz ergrauten, hatte er mir einmal gesagt. Ich schloss seine Augen, unfähig ihm seine letzten Worte zu geben, und ging weiter.

Die Königin wartete, einige Schritte von Marcus entfernt, ihr Rücken zu mir, das Schwert in der Linken, die Flamme in der Rechten. Einen Stoß nur, sie würde ihn nicht einmal kommen sehen. Einen Stoß, und es wäre vorbei. Doch wieder haderte mein Arm, als ob jemand ihn halten würde. Und wieder ließ ich den Moment verstreichen, folgte ihr, durch die Schatten der Ruinen. Gefangen in ihrem Bann.

Zum Palast, tiefer und tiefer in den grünlichen Nebel hinein. Schier endlos durchquerten wir die geisterhafte Stadt. Ohne die Königin wäre ich schon lange verloren gewesen, zwischen den Ruinen, deren ausgebrannte Finger nach mir griffen, und dem Nebel. Doch sie schien vor mir zu gleiten, schritt über Schutt und Leichen hinweg, als ob es sie gar nicht gäbe.

Bald schon ließen wir die letzte Häuserecke hinter uns, stiegen über zerstöre Mauern und Wachtürme. Doch der Palast, der sich eigentlich vor uns erstrecken sollte, mit seinen gelben Sandsteinen und goldenen Glocken, war verschwunden. An seiner Stelle thronte ein anderer, eine Parodie aus pechschwarzen Schatten, die in schier unendlichen Armen um sich griffen. Wo immer ein Turm hätte sein sollen, da waren zehn, dann zwanzig, und dann keiner. Häuser wuchsen in den Himmel, umgeben von dutzenden kleineren Häusern, nur um eine Sekunde später von ihnen verschlungen zu werden.

In Mitte der sich windenden Schatten war ein Krater aus makellosem Glas. Ein gebrochener Kristall, von etwa der Größe eines Mannes, ragte aus ihm hervor. Alle Schatten schienen von dem Riss auszugehen, speisten sich aus ihm. Ich sah Kreaturen, Massen aus Tentakeln und Augen; aus scharfen Zähnen und schlaksigen Gliedern. Sie kletterten aus dem Riss heraus, und mit jedem mal schien er weiter zu brechen.

Die Königin drehte sich zu mir. Ihre Augen leuchteten grün.

Flaggen über Ardkha, Teil IV

Irgendwann. Tagebuch des Erwählten:

Das Schreien hatte wieder begonnen, und fast war ich dankbar, dass die Stille durchbrochen war. Die Monster schossen an der Königin vorbei, und mein Schwert zuckte, so wie nur jahrelange Übung und Training zucken konnte.

Irgendetwas war schiefgelaufen bei dem Bombardement der Stadt, dachte ich mir, als mehr und mehr Abscheulichkeiten vor meinem Schwerte fielen. Der Palast hätte von der magischen Artillerie der Faust ausgenommen werden sollen, wie hätte er getroffen werden können?

Bald reichte mir das Blut bis zu den Stiefeln. Und doch kämpfte ich, kämpfte bis zur vollständigen Erschöpfung, und darüber hinaus, bis sich die toten Kreaturen um mich stapelten, und mich endlich die letzten Kräfte verließen. Dutzende Schnitte und Wunden meinen Körper zierten. Ich fiel auf die Knie, erwartete den letzten Stoß, und das Ende. Doch keiner kam. Die Königin blickte zu mir, Schwert wieder an ihrer

Seite. Grüne Augen ohne Pupillen, ohne Weiß, bohrten in meine, lähmten mich. Plötzlich waren ihre Hände um meinen Kopf. Ihre Lippen, so süß und fordernd, auf meinen. Hitze schoss durch meinen Körper, brannte das Alte hinfort. Das Schloss ist gerissen, hörte ich eine Stimme, die wie die Meine klang. Bald wird es ganz brechen.

Tentakel wuchsen um mich, an meinem Armen, Beinen, an meinem Köpf. Daneben öffneten sich Augen, dutzende, schier unendliche. Ich sah, sah alles um mich herum, nach oben und unten, sah so viele Farben, Schatten, die ihn unglaublichem lila und tiefsten Rot schienen, blickte durch den Nebel, als ob er nie dagewesen war. Und dann sah ich mehr, sah die endlosen Sterne und Galaxien, und den grünen Hauch, der sie verschlingen würde. Sah das fehlgeleitete Geschoss des Damnarea, das den Palast entzweite. Spürte die Erlösung, die ihm folgte. Ich fiel tiefer und tiefer, und Wahnsinn folgte, bis die Ohnmacht mich endlich erlöste.

Ich erwachte wie neugeboren. Ein Kommandant des Kaisers, erinnerte ich mich, als ich das zerissene Hemd aus tiefem Rot betrachtete. Gut, gut, gut, gut. Ihn können wir noch brauchen.

Dort, wo das zweite Siegel sitzt. Die Ohren des Kaisers gehören uns schon, bald soll das Herz folgen.

Die Tentakel schwanden, doch die Wahrnehmung blieb. Meine Rüstung wob sich erneut um mich, und das Hemd nähte sich wieder zusammen. Ich sah die Königin, und sie lachte, Zufriedenheit auf ihrem Gesicht geschrieben. Wir hatten ihr die Heimat genommen, hatten alles zerstört, was ihr gut und wichtig war. Wir hatten ihr alles zerstört, und nun würde die Welt folgen.

Ich drehte mich, und ging in Richtung der kaiserlichen Schiffe, die schon bald von Karkush segeln würden. Ein verspieltes Wippen in einem Schritt, der sich irgendwo noch an das Soldatenleben erinnerte.

Zeit für die Heimkehr.

Sehnsucht

Ich kann mich noch immer erinnern, an jene Geschichte von Blut und Dreck. Alt, so kommen sie mir nun vor, wie ich in meinem Schaukelstuhl sitze, das Holz der Veranda unter meinen Füßen, den Garten und die Enkel vor meinen grauenden Augen.

Doch schließe ich sie, diese trüben Augen, so werden sie wieder scharf, und sehen:

Sehen all die Momente der allumfassenden, lähmenden Angst, in dem das Pfeifen der Kommandanten den Einschlag und das Feuern der Artillerie und Haubizen ertränkt. Und die absolute Ruhe, die ihnen folgt, wenn die Vordermänner die Leiter besteigen, und alles andere verblasst; im Blitzen der Gewehrschäfte, im Sturm der vorbeizischenden Kugeln untergeht. Wenn nur die Bewegungen der eigenen Hände zählen, so merkwürdig frei von dem sonst angewöhnten Zittern. Zielen, laden, nachladen, und wieder zielen. Wie man es halt gelernt hatte, auf diesem verfallenen Hof am Rande des Schwarzwalds. Wenn alles weicht, außer die Brüder, und die

Mission; der nächste Graben, der erreicht werden muss. Keine Zeit für Angst, keine zum Denken, nur Tun, und Töten.

Sie alle tanzen wieder vor mir, diese Momente, so klar wie damals, als ich sie zuerst gefunden hatte. Sie jagen mich, sogar bis in meine Träume, egal wie oft ich sie im Wachen töte. Und dann scheinen meine Augen, hell und klar.

Sie sehen, was nach den Stürmen kam. Die Leichen, dort in den Kratern des Niemandslandes, das Schreien und Stöhnen derer, die wohl gerne dort geblieben wären. Der alles erstickende Gestank, die Ratten. Und dieses Gefühl, es doch wieder geschafft zu haben. Diese unendlich tiefe Erleichterung, die aus der Brust hinaus den ganzen Körper ergreift, alles schärfer; realer, erscheinen lässt. Dieses Gefühl, wenn jeder Stein, jedes bisschen Dreck in schier endloser Klarheit vor den Sinnen steht. Danach das Tanzen und Lachen, im Matsch des Grabens, und wie es verschwimmt mit dem Weinen ob der verlorenen Brüder, und die Schuld, sie verlassen zu haben.

Und nun... nun sitzt ich hier, auf meinem Stuhl, das Alter tief in meinen Knochen. Die Frau, die ich so früh nach dem Kriege gefunden hatte, noch immer an meiner Seite. Das Aufstehen fällt schwer, doch noch schaffe ich es alleine.

Und während ich mich so in meinen Pantoffeln in Richtung Bett schleife, schweifen meine Augen zurück, zurück zu damals, zurück an all die Geschichten von Blut und Tod und Dreck. Ich denke an meine Brüder, von denen zum Schluss mehr dortgeblieben als mit mir heimgegangen waren, und die ich doch so viel besser kannte, als die des Blutes - oder das eigenen Kind.

Und manchmal, wenn ich so gehe. Manchmal wünschte ich, wieder da zu sein.

Da, wo nichts zählte, außer alles.

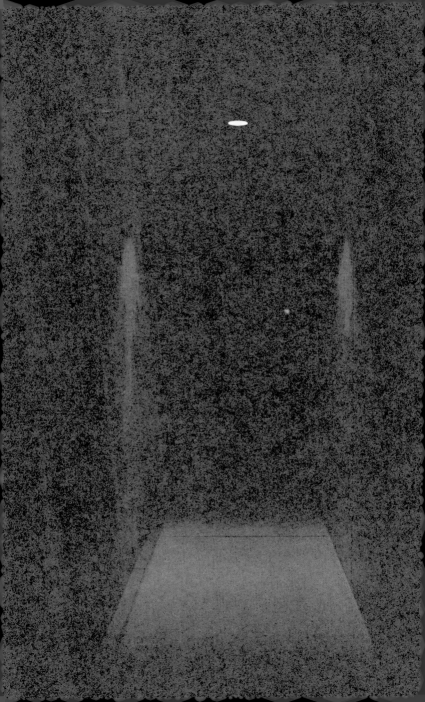

Der Todgeweihte, Teil I

Der Todgeweihte saß in dem Raum, der seit vielen Jahren sein Heim gewesen war. Zwischen den Wänden aus grauem Stein, zehn-mal zwanzig Zentimeter, kein Ziegel größer und keiner kleiner.

Vierundzwanzig Stunden.

Alles, was ihm blieb. Die große Uhr tickte, unbarmherzig, Sekunde um Sekunde zu seinem Ende. Sie wurde lauter mit jedem Zeigerschlag.

Dreiundzwanzig Stunden.

Er blickte zum Bild, das neben Ihr hing. Die einzige Deko im Raum, neben Toilette und Spiegel.

Zweiundzwanzig Stunden.

Das Ticken wurde lauter. Er hastete durch den Raum. Hin und her. Wohin, irgendwo hin, nur weg von hier.

Achtzehn Stunden

Das Bild blickte zurück. Weiche Frauenaugen in weißem Kleid. Ein junger Mann im Anzug daneben.

Sechzehn Stunden.

Er saß, dort auf dem Betonboden. Die Augen fraßen an ihm, folgten ihm, wo immer er blickte. Die ständige Übelkeit, dort wo sie immer war, in der tiefsten Tiefe seines Bauches. Heute war sie so schlimm wie damals, als er sie zum ersten Mal gespürt hatte. Bald schon würde sie weichen.

Zehn Stunden.

Die Schwärze des Nichts kämpfte mit dem Rot des Blutes, welches er nie von seinen Händen waschen konnte. Sein Atem fiel schwer, hastig. Die Uhr dröhnte in seinen Ohren. Tick, Tick, Tick, Tick. Sie würden ihn holen, bald. Oh Gott! Sie würden ihn holen. Der Atem ging schneller. Was, wenn sie ihn endlich hatten?

Zwei Stunden.

Das Rot hatte gewonnen, die Übelkeit mit ihr. Das letzte Mahl lag in der Ecke, unberührt.

Es war alles so schnell gegangen, damals. Das fremde Auto vor seiner Tür, der fremde Mann in seinem Bett, und sie daneben. Das Küchenmesser, das irgendwie in seine Hände geraten war. Das Blut, die Schreie. Und ihre Augen, oh, ihre Augen! Ohne Angst, ohne Vorwurf. Nur Trauer und Mitleid. Bald würden sie ihn holen. Ihn dorthin bringen, wo noch niemand von berichten konnte. Dorthin, worüber er in keinem Buch der Erde Auskunft finden konnte, egal wie verzweifelt er in den letzten Jahren gesucht hatte. Es würde kommen, oh Gott! Es würde kommen. Das Ende, das letzte Mysterium, das große Nichts, an dessen Abgrund selbst der größte Geist nur Wahnsinn finden konnte.

Es würde kommen, doch er würde stehen. Für Sie.

Der Todgeweihte, Teil II

Eineinhalb Stunden.

Die Angst war alles, was ihm blieb. Wieder dachte er an Sie, streichelte über das Foto, klammerte es an sich. Es würde ihn schützen, auf seinen in die Dunkelheit.

Eine Stunde.

Es war die letzte seines Lebens. Eine Stunde, sechzig Minuten, dreitausendsechshundert Sekunden. Es war die letzte Stunde, und er hatte Hunger. Fast musste er lachen. Das Mal lag noch immer neben seinem Bett, ein kleines Steak und ein paar schmale Pommes. Dazu noch ein Salat. Man will ja nicht krank werden. Diesmal lachte er laut, doch die Angst wollte nicht weichen.

Vierzig.

Der Pfaffe kam und ging, und seine Stimme wirkte schmal gegen das Donnern des Zeigers. Doch auch er schien nichts zu wissen.

Zehn.

Sie kamen ihn holen, und das Klicken der Handschellen bedeutete sein Ende. Das Nichts traf ihn wie eine Welle. Er spürte es kommen, zwischen den immer enger werdenden Gängen aus grauem Beton, die flackernden Neonlampen seine letzten Begleiter.

Fünf.

Er war in dem Raum, in dem alles zu Ende gehen würde, der Stuhl hinter ihm. Grau auf grau, wie alles in seinem Zuhause. Er sah Ihre Familie, dort; hinter der Glasscheibe, sah Ihre Mutter, Ihre Geschwister. Suchte den Vorwurf, den Hass in ihren Augen. Doch fand er nur Leere und Mitleid, in den Gesichtern, die dem Ihren so ähnlich sahen. Er richtete sich auf, ignorierte das Beißen der Fesseln an Fuß und Hand. Er würde nicht klagen, nicht weinen. Für Sie.

Eins.

Er setzte sich, bevor man ihn setzen konnte.

Null.

Zeit… Zeit war eine lustige Sache, dachte der Todgeweihte, als er die Lederschlaufe um seinen

Hals spürte, das Metall an seinen Händen. Vierundzwanzig Stunden, die längsten seines Lebens. Und doch vorbei, in diesem Momente. Vorbei, bevor er einmal hätte blinzeln können. Verhaucht, wie Tau nach dem Morgen.

Hatte es sie überhaupt gegeben?

Der Schalter klickte, und Strom zuckte durch seinen Körper, sprang von seinen Füßen in die Arme, in die Beine, durch den Brust, in den Kopf. Die Augen quollen, seinen Muskeln spannten, noch ein letztes Mal, in Trotz und fruchtlosem Kampfe.

Wer weiß schon, was danach kam.

Ein Ende

Akt V: <Marktschreier vor Bühne. Eine Papierrolle vor ihm. Liest aus ihr vor.>

Schreier: Lauschet nun, oh wertes Publikum. Das Ende jener Geschichten. Verlassen haben wir unsere Helden, dort, wo der Spannungsbogen endete, und die Karthasis kam. In ihren Momenten des Triumphes, und des Scheiterns. Doch noch weilen sie bei euch, tief in euren Gedanken.

Schreier: Denket nochmal an sie, führt ihr Antlitz euch vor Augen. Sehet sie, so wie sie zum Ende waren. Denn eines kann ich versprechen, oh holdes, mir so unendlich wertes Publikum: Euch haben sie nicht vergessen.

<Tritt ab. Vorhang schließt sich. Nebel und Rauch steigt unter ihm hervor. Der Vorhang öffnet sich wieder. Pechschwarze Nacht als Hintergrund.>

<Vor die Bühne treten vermummte Gestalten. Eng zusammenstehend. Flüsternd>

Mumie: Er nahm mir die Familie, schickt mich fern vom Reich! Lies mich dort verenden, dem Knaben tat ich's gleich!

Alter: Er gab mir jung den Kriege, doch schauert ihn der Streit!

Stein: <Schweigt.>

Irrer: Mich riss er aus dem Leben, zu kennen, wo kennen nur zerfiel! Schenkte mir den Wahnsinn, weil Alltag nicht gefiel!

<Stimmen werden lauter>

Mumie: Im Eifer des Erfahrens ließ er mich dort zurück! Dort, wo niemals steigen, er des Himmels Glück!

Monster: Im Feindeslande gab er, mich des Horrors preis! Monster ward ich, Abscheu, Verräter an dem Eid!

Verdammter: Oh, springt er so mit vielen, des Narrativen Spiel. Mörder macht er, Monster! Zerreißen wir nun ihn!

Alle: Lügner!

Alle: Feigling!

Alle: Schreiber!

\<Drehen sich langsam nach vorne. Kapuzen und Mäntel fallen hinweg.>

Alle: Doch alles Leid und Leiden, vom Himmel bis nach Hier,

Mag doch nicht zu ermüden, des Lesers liebe Gier.

Entsagt er doch im Großen, vor Freund und Feind gemein,

Der Lust am Tod und Töten, dem Leiden und dem Sein,

So ist endlos doch sein Götzen, im stillen Kämmerlein.

Der Hauptfiguren Marter, bleibt seine Droge schlicht,

Bis auch der letzte Mensche, gen Erdesboden bricht.

Max Gößmann

Max ist Student, 24 Jahre alt, und hätte eigentlich deutlich besseres zu tun, wie etwa seine Bachelorarbeit zu Ende zu schreiben. Doch nichtsdestotrotz hält er sich manchmal für einen Künstler, und da der Bartwuchs für einen anständigen Schnurrbart nicht reicht... Müsst ihr nun seinen Kurzgeschichten lauschen. Er liebt die Mythologie und die Fantasy, schon seitdem ihm seine Oma mal einen alten griechischen Sagen-Buchband in die Hände gedrückt hatte. Gerüchte, dass der Ursprung seiner Faszination bei Harry Potter läge, dementiert er bis heute lautstark.

Max Gößmann schreibt auf
www.story.one

schreib's auf
story.one

Faszination Buch neu erfunden

Viele Menschen hegen den geheimen Wunsch, einmal ihr eigenes Buch zu veröffentlichen. Bisher konnten sich nur wenige Auserwählte diesen Traum erfüllen. Gerade mal 1 Million Autoren gibt es heute – das sind nur 0,0013% der Weltbevölkerung.

Wie publiziert man ein eigenes story.one Buch? Alles, was benötigt wird, ist ein (kostenloser) Account auf story.one. Ein Buch besteht aus zumindest 12 Geschichten, die auf story.one veröffentlicht und dann mit wenigen Clicks angeordnet werden. Und durch eine individuelle ISBN kann jedes Buch dann weltweit bestellt werden.

Jede lange Reise beginnt mit dem ersten Schritt – und dein Buch mit einer ersten Story.

Wo aus Geschichten Bücher werden.

#storyone #livetotell